Breakthrough Advertising

Em pílulas

Os segredos do mestre do copywriting

Eugene M. Schwartz

INDICE

PARTE 1

1. O desejo de massa: a verdadeira força da publicidade

O redator não pode criar o desejo por um produto. Ele só pode pegar as esperanças, os sonhos, os medos e os desejos que já existem na vida de milhões de pessoas e direcioná-los para o produto a ser promovido.

A publicidade e o mercado

A publicidade é uma atividade estatística porque lida com percentuais da população. O sucesso da publicidade, de fato, depende do número de pessoas que aceita nosso produto (e nosso preço) como resposta à sua necessidade.

Um mercado nasce no momento em que um desejo privado é compartilhado por um número estatisticamente significativo de pessoas, capazes de compensar o esforço de vender a resposta (o produto) a esse desejo, gerando lucro. Esse mercado pode ser compartilhado por poucos milhares de pessoas ou por dezenas de milhões de pessoas.

Quando se tenta criar um desejo de massa, não se trata mais de publicidade, mas de educação e, como nunca será suficientemente lucrativo, nenhum publicitário pode se dar ao luxo de educar com seus anúncios. A menos que se aproveitem forças maiores para direcionar o desejo a um produto.

As forças que criam o desejo de massa

Um instinto de massa

Por exemplo, o desejo de estar saudável ou de se tornar rico. Neste caso, o instinto nunca desaparece, o desejo está sempre lá. O trabalho do redator, neste caso, é diferenciar seu produto dos outros já presentes no mercado.

Um problema tecnológico de massa

Por exemplo, smartphones que descarregam muito rapidamente ou a segurança dos pagamentos online. Enquanto o problema não for resolvido, os clientes continuarão comprando e experimentando. O redator, portanto, deve oferecer a mesma promessa de alívio de seus concorrentes, mas de uma maneira nova.

Tendências e educação

Estamos constantemente imersos em tendências que nascem, crescem e morrem. Nesses casos, o redator precisa de sensibilidade, visão de longo alcance e intuição. Ele deve ser capaz de perceber quais benefícios enfatizar e quais ignorar em um determinado período histórico e deve fazer isso, de preferência, antes dos outros. É necessário um timing perfeito para entender quando é o momento em que a mudança se torna relevante, mas ainda não foi explorada.

Como direcionar o desejo de massa para um produto específico

Escolha o desejo mais poderoso para aplicar ao seu produto

Para fazer isso, você deve encontrar um que seja: urgente, recorrente e compartilhado pelo maior número de pessoas. Por exemplo, economizar nos custos de contas atende a todos os requisitos. Se você escolher o desejo errado, nada poderá salvar o seu anúncio.

Resuma esse desejo em uma frase poderosa (headline)

Se o cliente já conhece o seu produto e sabe que pode satisfazer o seu desejo, a headline começará com o produto. Se ele não conhece o produto, mas está ciente do desejo, a headline começará com o desejo. Se ainda não tem um desejo real, mas apenas uma ideia geral do problema, a headline falará desse problema, direcionando-o para a necessidade específica que o seu produto resolve.

Mostre ao potencial cliente como os benefícios do seu produto satisfazem esse desejo

Cada produto que você vende contém, na verdade, 2 produtos: o produto físico (o material de que é composto, sua forma, etc.) e o produto funcional (os benefícios obtidos através do seu uso). A parte física só tem valor se a parte funcional também existir. Nenhuma parte física pode entrar em uma headline, mas pode servir posteriormente para reforçar a performance que você promete na headline das seguintes maneiras:

- justificando o preço;
- demonstrando a qualidade do desempenho;
- assegurando a durabilidade do desempenho;
- tornando mais clara a imagem desse desempenho na mente do prospect;

- dando uma nova base de credibilidade à reivindicação de desempenho do produto.

Seu primeiro trabalho no estudo do produto é listar o número de diferentes desempenhos que ele contém, agrupá-los com os desejos de massa que cada um deles satisfaz e, finalmente, escolher aquele que terá mais chances de venda naquele momento histórico.

2. O estado de consciência do prospect

A construção de um anúncio baseia-se em três questões fundamentais:

1. Qual é o desejo de massa relacionado a este mercado? (Visto no capítulo 1)

2. Quanto estas pessoas sabem hoje sobre os benefícios do seu produto em relação a esse desejo? (O nível de consciência)

3. Quantos outros produtos foram apresentados no mercado antes do seu? (Grau de sofisticação)

A headline

Sua headline não deve vender. Sua única tarefa é parar o seu prospect e convencê-lo a ler a segunda frase do anúncio. Da mesma forma, a segunda frase tem a tarefa de fazer ler a terceira e assim por diante. Quanto mais o prospect ler, mais você venderá. O único caso em que a headline pode fazer todo o trabalho de venda é quando o prospect está procurando ativamente o produto de uma marca específica.

Os diferentes graus de consciência do prospect

Primeiro nível: consciência máxima

O cliente conhece o produto, sabe o que faz e o quer. Falta-lhe apenas a convicção para comprá-lo. Neste caso, será suficiente incluir na headline o nome do produto e o preço com desconto. O resto do anúncio resumirá os benefícios mais desejáveis, finalmente o nome da loja e/ou um cupom.

Este é o anúncio típico de grandes lojas ou descontos. O preço é a parte mais importante desta headline, zero criatividade por parte do redator.

Segundo nível: o cliente conhece o produto mas ainda não quer comprá-lo

O prospect ainda não sabe exatamente tudo o que seu produto faz ou não está convencido de sua eficácia. Aqui, sua headline deve escolher apenas uma direção entre estas opções:

- reforçar o desejo do prospect pelo produto, através de enfatização sensorial e associação;

- clarear a ideia que ele tem de como o produto satisfaz seu desejo, focando no produto físico ou seu mecanismo;

- expandir sua ideia de onde e quando seu produto satisfaz esse desejo;

- introduzir novas provas e documentações de como seu produto satisfaz esse desejo, citando dados e especialistas;

- anunciar um novo mecanismo nesse produto para torná-lo melhor que a versão anterior (ou a concorrência);

- mudar completamente a ideia ou o mecanismo desse produto, para removê-lo da competição com outros produtos que dizem satisfazer o mesmo desejo (veja a sofisticação no capítulo 3).

Terceiro nível: como introduzir novos produtos

O cliente já sabe que quer o que o produto faz, mas ainda não sabe que existe o seu produto para fazê-lo. Primeiro de tudo aqui é necessário dar um nome a esse desejo que o cliente tem (ou à solução que você propõe) e fazê-lo na headline. Você deve demonstrar que essa solução pode ser alcançada e para isso é necessário o seu produto.

O primeiro ponto crucial neste estado de pouca consciência é a análise: o mercado, a localização, as forças emocionais e o potencial de venda.

O segundo é a intuição das tendências antes que elas se tornem mainstream.

Finalmente temos a criatividade verbal, a habilidade de nomear o que ainda não está bem definido.

Quarto nível: como apresentar produtos que resolvem problemas

O prospect não tem um desejo, mas apenas uma necessidade. Ele não entende a conexão entre a satisfação de sua necessidade e o seu produto.

Aqui começa-se dando um nome à necessidade e/ou à solução, exatamente como no parágrafo anterior. Então se intensifica a necessidade de maneira quase exasperada e finalmente se apresenta o produto como solução inevitável.

Quinto nível (o mais difícil): ausência total de consciência

É o caso de uma destas quatro opções:

- o prospect não está ciente do seu desejo (ou necessidade);

- ou nunca o admitirá a si mesmo sem ser guiado pelo seu anúncio;

- ou a necessidade é tão geral que não pode ser resumida em uma única headline;

- ou é um segredo que simplesmente não pode

ser dito.

Uma headline que funciona para o primeiro nível de consciência nunca funcionará para um nível diferente; o que significa que, mesmo que tenha sido bem-sucedida no passado, não se pode continuar a usá-la se o mercado evoluir para um novo nível de consciência.

Este nível de consciência não se aplica apenas a produtos totalmente novos. Por exemplo, quando um produto não vende mais como antes e cai no esquecimento, surge a necessidade de fazê-lo renascer, então é como se tivesse que enfrentar um mercado inconsciente.

A headline, neste caso, começa com a eliminação de alguns elementos que não faria sentido nomear:

- o preço;

- o nome do produto, especialmente no caso de renascimento, além de inútil pode ser prejudicial;

- uma afirmação direta do que o produto faz e do problema que resolve porque, colocada na headline, simplesmente não será acreditada.

Eliminando esses elementos, resta apenas uma coisa em que focar sua headline, o mercado e o estado mental em que o prospect se encontra. É uma headline de identificação, você está definindo sua audiência, não precisa vender nem prometer nada. A única função desta headline é despertar a curiosidade para ler mais. No desenvolvimento do anúncio, uma série de imagens lógicas levará à consciência gradual do problema e sua solução, seu produto.

Esta headline deve falar a um grupo definido de pessoas e excluir muitas outras, essa é a regra básica da identificação.

3. A sofisticação do seu mercado

A sofisticação do mercado responde à pergunta "Quantos produtos foram apresentados antes do seu?". Também neste caso temos 5 níveis de sofisticação.

Primeiro nível: se você é o primeiro no seu mercado

Aqui os potenciais clientes ainda não desenvolveram sofisticação em relação ao seu produto, eles não sabem nada sobre o gênero. Isso pode acontecer no caso de uma revolução tecnológica, uma melhoria radical de um produto já existente ou um produto conhecido a um preço excepcional. Pode acontecer também no caso de se encontrar um uso completamente diferente para um produto já conhecido por outros usos ou no caso de se descobrir um novo benefício até então despercebido.

Sua headline de primeiro nível deve ser simples,

direta, não extravagante; você deve afirmar a necessidade e dramatizá-la para depois apresentar seu produto e demonstrar que funciona. *Ex.: Elimine imediatamente a gordura constrangedora!*

Segundo nível: se você chega em segundo

Neste caso, a promessa ainda funciona, mas precisa ser exacerbada para superar a concorrência. *Ex.: Perca 10 quilos em 2 semanas, satisfeito ou reembolsado!*

Esta exageração exponencial leva necessariamente a uma perda de credibilidade a longo prazo e o cliente se torna cético.

Terceiro nível: público entediado e desconfiado

Os clientes conhecem bem seus produtos e os da concorrência, mas têm dificuldade em distingui-los.

O desejo de massa ainda existe, mas não pode mais ser explorado com os métodos antigos. É necessário um novo modo de satisfazer esse velho desejo. Nesta fase, você precisa de um novo mecanismo, é preciso falar não do que o produto faz, mas de como ele faz. Este novo mecanismo deve estar contido na headline, de modo a se diferenciar imediatamente dos concorrentes.

Quarto nível

Em poucos meses, passa-se do terceiro para o quarto nível. Se um concorrente acaba de introduzir (com sucesso) um novo mecanismo para obter a mesma promessa do seu produto, eis o que fazer:

- aprofunde o mecanismo;

- torne-o mais fácil e seguro;

- prometa vantagens extras.

O quarto nível, como você pode ter notado, se assemelha ao segundo, mas desta vez se concentra no mecanismo em vez da promessa. Também neste caso, com o passar do tempo, tornar-se-á cada vez menos crível. No final, o mercado terá se cansado das suas promessas e dos seus mecanismos.

Quinto nível: como reviver um produto morto

Aqui a estratégia é a mesma do quinto nível de consciência (capítulo 2) e baseia-se na identificação, colocando em segundo plano a promessa e o mecanismo.

4. Como nasce uma ideia

Os 3 níveis de criatividade

O primeiro é a técnica de substituição de palavra. Este nível é o menos eficaz porque se limita a copiar uma headline já escrita por outros, simplesmente substituindo o nome do produto. Fazendo isso, perde força porque não leva em conta a relação única entre produto, mercado e momento.

O segundo é o uso de fórmulas. O copywriter memorizou uma série de regras que tenta inserir mais ou menos mecanicamente na construção do seu anúncio.

O terceiro e mais eficaz abordagem baseia-se em uma série de perguntas e diretrizes, sem respostas predefinidas. É graças a este trabalho de análise aprofundada que ele pode alcançar seu máximo potencial. Não existem atalhos criativos, todos podem copiar.

Por esse motivo, um verdadeiro copywriter nunca poderá ser substituído pelo Chat GPT, que por sua natureza está limitado aos níveis 1 e 2.

Pesquisa de motivação e copy

Já falamos da importância do conhecimento do mercado por parte do copywriter. Um modo de fazer isso é através da Pesquisa de Motivação (entrevistas, pesquisas, etc.) investigando desejos, necessidades e tendências. O objetivo da PM é fornecer uma direção ao seu anúncio, indicando onde é melhor ir (e onde não).

Agora estamos na fonte da ideia, agora cabe ao copywriter transformá-la e concretizá-la através de um grande esforço criativo.

A personalidade de um produto

Cada produto tem uma personalidade distinta para o consumidor que muitas vezes é complexa e rica em múltiplos traços. Seu trabalho como copywriter está em identificar o traço mais importante e reconhecido pelo público e destacá-lo na headline. Depois de simplificar e afiar a personalidade na headline, você pode expandir para outros traços ao longo do anúncio.

A headline preventiva

A regra diz que o prospect é incapaz de se identificar com um problema que ainda não se apresentou a ele.

No entanto, isso só vale para problemas que o afligem pessoalmente. Na verdade, o prospect será capaz de se identificar com problemas que afetam seus entes queridos, amigos e até sua nação.

Este princípio é a base, por exemplo, de todas as publicidades de seguros de vida, apresentando os horrores infligidos ao parceiro ou aos filhos. Aqui a headline preventiva funcionará.

Segmentação de mercado

Até agora supomos que cada concorrente em um determinado mercado tentará anunciar para esse mercado inteiro. Isso não é necessariamente verdade.

Tomemos a perda de peso: existem pelo menos dois tipos de clientela diferentes. Aqueles que querem perder peso por motivos de saúde e aqueles que querem apenas por questões de aparência. O apelo será o mesmo (perder peso), mas os mecanismos devem variar – segurança e duração para o primeiro, velocidade e simplicidade para o segundo.

Em segundo lugar, uma pequena empresa com orçamento limitado pode obter mais resultados segmentando um nicho de mercado, evitando a concorrência direta com líderes de mercado já estabelecidos. Se a campanha for bem-sucedida, posteriormente pode-se tentar expandir o mercado, usando esse sucesso como um diferencial para se dirigir ao mercado mais amplo.

Ex.: O suplemento preferido pelas mulheres com obesidade.

Conclusão da primeira parte

Nestes primeiros capítulos, descrevemos um processo de análise de mercado que pode durar até meses. Uma vez identificadas as forças emocionais e canalizadas na sua solução (o seu produto), chega-se à segunda parte do livro.

Agora é hora de conhecer profundamente o produto a ser promovido, o que é e o que faz. Você deve concentrar todas as maneiras pelas quais satisfaz as necessidades em uma única imagem, uma única afirmação que representará a maior força emocional no seu mercado, a headline.

As palavras que você escolher para sua headline valerão cerca de 90% do seu anúncio. Se você acertar, pode dar vida a um novo setor. Se errar, nada poderá salvar o seu anúncio.

Lembre-se sempre desta regra fundamental da criatividade:

O que você está procurando neste produto e neste mercado é o elemento que os torna únicos. A ideia que você quer está contida nesse produto e nesse mercado. Nenhuma fórmula externa vai te proporcionar isso, porque você está lidando com uma relação produto-mercado nunca existida antes.

Esta primeira parte do livro visa fornecer uma

bússola, não fórmulas para copiar palavra por palavra. As regras apresentadas ajudarão você a encontrar o tema central do seu anúncio e a contá-lo na sua headline.

Na segunda parte, trataremos das técnicas de escrita para criar convicção e reforçar o desejo.

PARTE 2

5. Dentro a mente do prospect

Chegando a este ponto, você já encontrou a headline capaz de capturar a atenção do seu cliente. A partir daí, o potencial de venda dependerá inteiramente do corpo do anúncio. Leve o prospect a um novo mundo onde o seu produto emerge como a satisfação do desejo que o levou a ler a headline.

A estrutura do anúncio deve necessariamente partir dos 3 fatores presentes na mente do prospect.

1. Desejos

Podem ser de 3 tipos:

- Físicos, como o desejo de ser magro, forte, saudável, etc.

- Materiais, como o desejo de possuir dinheiro, um belo carro, etc.

- Sensoriais, como a vontade de uma cerveja gelada ou a vontade de se deitar em uma cama macia.

Os desejos não podem ser criados nem destruídos, eles simplesmente existem. A tarefa do copywriter é expandi-los, aguçá-los e dar-lhes um propósito.

2. Identidade

São desejos que dizem respeito à esfera simbólica, ao status social e geralmente não são declarados abertamente. Eles complementam e intensificam os desejos físicos de tal maneira que cada compra tem um objetivo duplo. Por exemplo, a compra de um objeto de luxo não é feita apenas pela qualidade do produto, mas também pelo que comunica aos outros, é uma projeção do prestígio e sucesso pessoal.

Estes desejos devem ser associados ao seu produto, inserindo-os logo após mencioná-lo, convidando o prospect para o mundo das pessoas que já utilizam o seu produto.

3. Crenças

Estas são as opiniões e preconceitos em que vive o seu prospect. É o mundo da razão emocional em que ele habita, as ideias e valores que fazem parte da sua realidade.

O objetivo da publicidade não é contestá-las, a

publicidade não é educação e, portanto, deve aceitar a realidade como ela é. A única maneira de tentar alterá-la não é atacá-la frontalmente, mas aproveitando suas tendências e canalizando suas energias.

Acreditar é um processo de adaptação de fatos novos a modelos consolidados de pensamento e convicção. Essas crenças criam um filtro através do qual as informações sobre os produtos são aceitas ou rejeitadas. Uma vez compreendidas as crenças do prospect, você pode aproveitar suas lógicas para demonstrar que:

- seu produto satisfaz os desejos dele;

- pessoas como ele confiam no produto;

- nenhum outro produto satisfaz tão bem as suas necessidades.

Nos capítulos seguintes, veremos os 7 mecanismos de persuasão.

6. A intensificação

Vimos como o desejo de massa é a verdadeira força da publicidade. A arte da venda está no aumento desse desejo, superando obstáculos como ceticismo e preço.

Muitas vezes esses desejos não são claros na mente do prospect, e a tarefa do copywriter é torná-los concretos através da imaginação e do entusiasmo.

Quanto mais nítidas e eficazes forem as imagens, mais o cliente vai querer seu produto e menos importante será o preço.

O espaço que você pode dedicar a essa intensificação depende do tipo de mídia.

Para adaptar sua mensagem, você deve usar uma dessas técnicas (ou ambas):

- Compressão. A síntese de projeções e imagens em poucas palavras-chave;

- Campanha. A repetição dessas palavras-chave com uma diferenciação e embelezamento progressivos através de uma série de anúncios interligados.

Mesmo quando há espaço suficiente, é sempre importante não ser repetitivo ou chato.

O primeiro obstáculo é a quantidade de material já visto pelo cliente sobre produtos similares, o que pode acelerar o tédio.

O segundo obstáculo é a linguagem do seu anúncio; você não pode repetir, mas reforçar. Toda vez que você dá um novo contexto à promessa básica, as descrições anteriores são reforçadas, envolvendo o potencial cliente.

Nos parágrafos seguintes, exploraremos todos os 13 passos do processo de intensificação.

1. A primeira apresentação das suas afirmações

Primeiro, apresente o produto ou seus benefícios de forma direta com uma descrição detalhada de sua aparência ou dos resultados que ele fornece.

2. Coloque em prática suas afirmações

Agora, expanda essa imagem colocando o produto em ação, não apenas mostrando sua aparência e vantagens, mas explicando exatamente seu mecanismo.

3. Traga o leitor para dentro

Se o seu produto permitir, coloque o prospect no meio da história com o produto em ação e dê a ele uma demonstração do que acontecerá no primeiro dia em que ele o tiver em mãos.

4. Mostre a ele como testar suas afirmações

Transforme a demonstração em um teste. Permita que o prospect se imagine testando seu produto, obtendo vantagens imediatas, através de imagens específicas e dramáticas.

5. Expanda os benefícios ao longo do tempo

Mostre o produto em ação, não apenas por uma hora ou um dia, mas ao longo de semanas ou mesmo meses.

6. Insira um público

Neste ponto, outros atores além do leitor podem entrar em cena, fornecendo uma nova perspectiva sobre o produto. Pode ser celebridades contando suas experiências através de um testemunho ou pessoas comuns com as quais o leitor se identifica.

7. Mostre a aprovação de especialistas

O espanto de especialistas e profissionais do setor sempre causa impacto. Combine surpresa, competição e descoberta para tornar a imagem mais poderosa.

8. Compare, contraponha e demonstre superioridade

A concorrência pode ser transformada em comparação. As desvantagens do produto ou serviço antigo podem ser comparadas às vantagens do novo, destacando sua superioridade.

9. Mostre o lado obscuro

Destaque e aguce o problema que você está prestes a resolver com seu produto. Dessa forma, você intensificará a repulsa pelo problema (ou produtos inadequados anteriormente usados) e aumentará a atração pela solução oferecida pelo produto.

10. Mostre quão fácil é obter esses benefícios

Todas as características do produto que afetam a vida do cliente fornecem outra perspectiva na qual reiterar e enfatizar suas vantagens (facilidade de uso, preço, transporte, etc.).

11. Use metáforas, analogias e imaginação

Não se contente com a simples exposição dos fatos. Graças à imaginação, você pode apresentar os mesmos fatos de maneira mais dramática.

12. Resumo final

Neste ponto, pode ser útil resumir e destacar todos os benefícios mais importantes. Os dois sistemas de síntese mais significativos são:

- lista horizontal, expande o desejo incluindo mais aplicações e usos (o clássico tudo-em-um);

- lista vertical, aprofunda e amplia um desejo específico.

A lista horizontal é semelhante a uma rajada, uma espécie de última chance de convencer o prospect atingindo vários apelos simultaneamente. No início do anúncio, você estava aumentando um único desejo, enquanto agora lista suas infinitas possibilidades na esperança de fechar a venda.

13. Coloque sua garantia em ação

Quando finalmente pedir ao seu cliente para agir, você pode apresentar os termos de sua garantia, transformando-a no ápice do seu anúncio.

Diferença entre campanhas e anúncios por correspondência

A venda por correspondência concentra todos esses elementos (ou quase) em um único anúncio, dizendo tudo o que pode de uma vez. Enquanto a venda por correspondência tende a apresentar novos produtos no curto prazo, a publicidade nacional cuida da promoção a longo prazo (geralmente de produtos com uma história já estabelecida e conhecida).

A publicidade nacional, além disso, deve manter constantemente a imagem do seu produto na mente do prospect e, por isso, devido à sua frequência, perde rapidamente a originalidade.

A duração e a frequência exigem, por um lado, manter um fio condutor em todas as publicidades (imagem dominante identificável) e, por outro lado, uma variação regular para não entediar o público ao longo do tempo e para reforçar o desejo. Trata-se de apresentar uma série de variações ou perspectivas dessa imagem principal de forma a atrair o prospect que as percebe como diferentes e novas.

Às vezes, a imagem dominante pode não aparecer de forma alguma, mas apenas ser o fio condutor da campanha, que pode ser o apelo do produto ou até mesmo o produto em si *(veja a famosa campanha "Think Small" da Volkswagen)*.

7. A Identificação

A maioria dos desejos e necessidades são bastante óbvios; o desejo de identificação, por outro lado, é sutil e às vezes inconsciente. Cada vez mais, torna-se uma parte importante do motivo da compra, por isso é essencial construir a identificação própria do seu produto.

Os papéis que seu potencial cliente deseja

A identificação é essencialmente o desejo do seu prospect de desempenhar certos papéis em sua vida. O papel do copywriter é duplo:

- transformar o produto na ferramenta para alcançar esses papéis;

- transformar o produto em um reconhecimento de que esses papéis já foram alcançados.

Cada produto deve incorporar dois motivos para comprá-lo: um físico que satisfaz a necessidade e outro que identifica o papel.

Por exemplo, apenas o pobre compra comida exclusivamente para saciar a fome. Os outros selecionam com base em tendências (para parecerem na moda) ou no conteúdo de gordura (esperando permanecer em forma e saudáveis).

Não se compram mais objetos, mas papéis. Esses papéis se dividem em duas categorias: caráter e sucesso.

Os papéis que definem o caráter

Muitas vezes são parte da personalidade do prospect: chique, culto, brilhante, atraente...

A conquista desses papéis, por si só, não é suficiente. Se não forem reconhecidos e admirados, são sem sentido, por isso seu produto também deve conter esses valores suprafuncionais que vão além da satisfação material. Estes símbolos adicionam um incentivo extra à compra.

Todo produto pode se beneficiar do poder de conceder um papel, mas em alguns casos essa característica é ainda mais importante do que o desempenho do próprio produto (roupas da moda, perfumes...).

Enquanto a afirmação de um desempenho requer uma demonstração física, no caso dos papéis isso não é possível porque são por natureza ambíguos. Portanto, o prospect será mais inclinado a acreditar na mensagem subliminar de parecer mais atraente ou mais culto; é uma aceitação fácil.

Papéis que definem o sucesso

"Presidente", "Doutor", "Engenheiro", "Gerente", "Executivo", "Self made man", "Influenciador", "Definidor de tendências", etc. (Alguns destes títulos foram adaptados).

Cada um desses papéis é um objetivo a ser alcançado, mas, acima de tudo, a ser mostrado a todos através dos produtos que usamos e dos objetos que possuímos. Como, por exemplo, trocar o carro ou comprar uma casa maior ou em um bairro melhor assim que se recebe uma promoção importante.

Como fazer esses desejos trabalharem para o seu produto

Primeiro de tudo, você deve descobrir exatamente que tipo de papéis o prospect está pronto para identificar com o seu produto e qual desses papéis é mais convincente.

Em geral, podemos distinguir entre duas categorias de produtos:

- aqueles com prestígio inerente (carros esportivos, piscinas, joias);

- aqueles sem prestígio inerente.

No primeiro caso, é fácil, basta respeitar os cânones de identificação já presentes no produto. No segundo caso, ao contrário, cabe a você criar o prestígio deles e deve fazer isso aproveitando as características do produto, usando-as como uma ponte entre o produto, sua imagem atual e a imagem de prestígio que você quer representar.

A imagem primária do seu produto

Um cigarro é viril na mente de todos, um anel de pistão é um símbolo de precisão e beleza mecânica para quase todos os homens. Estes são alguns exemplos de imagem primária já presente na mente dos seus prospects.

Seu trabalho é partir dessas imagens já aceitas e construir sobre elas uma série de imagens relacionadas, de modo a multiplicar o apelo de identificação do produto. Você pode fazer isso mudando a intensidade da sua imagem primária:

- no caso de uma imagem aceitável, você pode enfatizá-la ou dramatizá-la;

- se a imagem for negativa, você pode atenuá-la, mas não pode ignorá-la ou substituí-la à força por uma positiva.

Para ser crível, é necessário sempre partir do imaginário coletivo já existente.

Como associar novas imagens ao seu produto

Este é um processo composto por 2 etapas:

1. mudança da intensidade da imagem primária (veja o parágrafo anterior);

2. uso da imagem como um link lógico para conectar o maior número possível de imagens favoráveis.

Muitos símbolos visuais comunicam diferentes papéis de grande apelo ao mesmo tempo. Por exemplo, a imagem da propriedade de uma bela pintura pode expressar sucesso, mas também cultura e intelecto.

Esses símbolos, portanto, ampliam o alcance do mercado, incluindo novos apelos emocionais que:

- por um lado, intrigam também as pessoas até então indecisas sobre os aspectos funcionais do seu produto;

- por outro lado, intensificam a atração para quem já estava no alvo.

A identificação que se origina do produto físico

O produto físico pode ser dividido em três áreas:

1. sua aparência;

2. seus componentes e estrutura;

3. o background técnico do qual ele surgiu.

Em cada uma dessas áreas, você pode encontrar imagens primárias fortes que já existem.

Por exemplo, no caso de produtos químicos, que não têm uma aparência particular, é fundamental estudar bem a embalagem.

Aqui não há imagens que emergem do aspecto funcional, então você deve cavar no background ou nos componentes ou nos valores da empresa.

Um exemplo marcante foi o enxaguante bucal Micrin J&J que comunicava sua eficácia superior à primeira vista graças ao uso de recipientes de vidro semelhantes aos encontrados em consultórios médicos ou salas cirúrgicas.

Se o background do seu produto contém elementos que inspiram emoções fortes, qualidade ou credibilidade para o prospect, então esses elementos devem ser expressos no produto, na embalagem ou no seu anúncio.

A vida do homem médio é monótona; ofereça-lhe a chance de participar das explorações de fronteira do nosso mundo e você solidificará um apelo muito poderoso no seu produto.

8. A Gradualização

Até agora, falamos amplamente sobre a importância do desejo e da identificação. Mas essas duas grandes forças emocionais não são nada sem uma terceira, a crença, ou seja, a fusão de desejo e convicção. A necessidade de acreditar, de fato, é uma força emocional tão poderosa quanto uma necessidade física.

A maioria de nossas convicções começou a se formar durante nossa infância, por isso pedir a alguém para abandoná-las repentinamente não produzirá nenhum resultado notável. Se você violar as crenças do seu prospect, nenhuma promessa salvará o seu anúncio.

No entanto, se você conseguir canalizar a força da crença dele dentro da sua mensagem, venderá mais do que qualquer outra pessoa.

Construa uma ponte de crença entre as convicções já existentes na mente do prospect e as novas convicções que você o levará a aceitar, de maneira lógica e gradual. Você terá realizado o processo da gradualização, o terceiro processo de persuasão.

A gradualização não determina o conteúdo do seu anúncio, mas sim a sua estrutura.

Uma nova definição de consciência

A gradualização é a arte de começar o seu anúncio com uma frase que será aceita imediatamente e depois construir sobre ela uma série de aceitações subsequentes. O objetivo é levar o prospect a um objetivo final que dificilmente teria aceitado sem essas afirmações preliminares.

Portanto, sua headline não só deve despertar interesse e desejo, mas também deve parecer verdadeira desde o início.

Por esse motivo, você nem sempre pode usar a afirmação mais poderosa na sua headline, porque ela pode não ser crível se não for primeiro suportada gradualmente por um raciocínio lógico ou outras provas.

Em última análise, a gradualização é a arte de fazer uma afirmação de tal maneira que receba a maior taxa de credibilidade e aceitação por parte do prospect. A maioria dos copywriters tenta fortalecer os anúncios empilhando uma promessa após a outra, enquanto seria muito melhor fortalecer a estrutura de credibilidade da promessa original admissível. Vamos ver como isso é possível de seis maneiras:

1. A pergunta envolvente. Mostre ao prospect que você está falando sobre ele, não sobre outra pessoa. Isso cria identificação imediata. "Já aconteceu com você...?";

2. Identificação detalhada. Em vez de fazer perguntas diretas, detalhe os problemas que

são os motivos pelos quais o prospect deseja o seu produto. Comunique ao prospect que você conhece os problemas porque já passou por eles também, por isso seus conselhos têm valor; você encontrou uma resposta para os problemas dele.

3. Contradição das (falsas) crenças atuais. Aqui você vai direto ao ponto, sem rodeios: "Sei que você pensa que isso é verdade, mas vou provar que é falso". Funciona muito bem se quem afirma tem forte autoridade.

4. Linguagem lógica. O objetivo é criar simultaneamente crença e desejo. Acreditar no que você promete deve ser um processo natural e lógico, escolha palavras que demonstrem a validade do seu raciocínio (logicamente, consequentemente, o motivo, a razão, a solução, sem dúvida, etc.).

5. O silogismo. É o momento em que você prova que seu produto funciona através de um raciocínio detalhado. O prospect se convence de que o produto deve funcionar.

6. Outras crenças. Estruturas de contingência (Se... então...), repetição da prova (os especialistas descobriram... os especialistas descobriram), promessa-crença-variação da promessa (após cada frase de promessa segue uma prova), paralelismo paragráfico (mesma estrutura de palavras que é repetida ciclicamente).

9. A Redefinição

Alguns produtos apresentam uma série de defeitos que, se não forem ativamente redefinidos, inevitavelmente matarão as vendas. Existem três categorias gerais de defeitos e para cada uma delas existe um tipo de redefinição a ser praticada.

1. Simplificação de um produto complicado

No caso de um manual para reparos de TVs nos anos 50, foi pensada esta abordagem. Já que a maioria das pessoas acreditava que os reparos eram procedimentos complicados, realizáveis apenas por técnicos especializados, era necessário redefinir o próprio conceito de reparo na mente do leitor. Isso é feito de três maneiras:

1. primeiro, comparando a televisão ao corpo humano;

2. depois, comparando os pequenos ajustes aos sinais de aviso ou sintomas que o corpo nos dá antes de adoecer;

3. finalmente, afirmando que esses pequenos ajustes não são nada além de simples correções nos controles externos do aparelho.

Feito isso, pode-se falar sobre a economia que será obtida com o faça-você-mesmo e como adquirir o manual. Antes da redefinição, todas essas afirmações não seriam críveis.

2. Escalação para um produto com pouco apelo

Neste caso, temos um produto reconhecido como fácil de usar, mas que não possui apelo suficiente para garantir um mercado de massa. O trabalho aqui é:

- intensificar o seu produto para dar-lhe mais importância aos olhos do prospect;

- redefinir o papel que desempenha na vida do cliente;

- aumentar os benefícios que o produto oferece e demonstrar seu uso em áreas nunca contempladas antes.

3. Redução em um produto que custa demais

Aqui, sua tarefa é fazer o preço parecer menor.

Para minimizar o preço de um produto desse tipo, você deve compará-lo com produtos ainda mais caros, aumentar seu valor percebido e comunicá-lo como uma oferta imperdível. Por exemplo, no anúncio de velas premium custando $1,49 cada, bastou dizer que elas deveriam custar $5 cada porque são feitas à mão. O custo de $1,49 imediatamente parece uma pechincha em comparação ao preço âncora de $5.

10. A Mecanização

Todo bom copy que se preze se comporta como um verdadeiro diálogo entre o copywriter e o prospect, provocando reações e emoções bem planejadas. Paralelamente, faz surgir perguntas no prospect, perguntas às quais você deve responder, de preferência antecipando-as; o timing, nesses casos, é fundamental. E para fazer isso é necessário se colocar no lugar do cliente.

As perguntas que um copy gera podem ser divididas em três categorias:

1. Pedido de mais informações "Diga-me mais". Você capturou o interesse do leitor, agora deve alimentar sua curiosidade;

2. Pedido de prova "Quem diz?". O prospect quer o seu produto, mas está em busca de provas para apoiar sua escolha;

3. Pedido de mecanismo "Como funciona?". O cliente sabe que quer o resultado final que você propõe, mas agora quer saber como você vai alcançá-lo.

O nível de consciência do cliente determinará a quantidade de mecanismo que você deve incluir no copy. Por exemplo, se o mecanismo já é conhecido e aceito, não é necessário se demorar muito, você pode aproveitar o trabalho que outros anunciantes já fizeram antes de você.

Fase um: nomear o mecanismo

No caso de um mecanismo já conhecido, basta simplesmente dar-lhe um nome e superar a concorrência em preço ou outras características. Basta mencionar o mecanismo sem reexplicar seu funcionamento, caso contrário, você corre o risco de apenas entediar o cliente.

Fase dois: descrever o mecanismo

Se o mecanismo não pode ser nomeado porque não é compreendido pelo público, você deve descrevê-lo detalhadamente. Você deve construir uma promessa forte e depois passar para a razão pela qual pode manter a promessa (Reason Why).

A primeira regra do mecanismo é que não é um discurso científico, pois seria entediante. Você precisa carregá-lo com promessas e emoções. Se em 1926 bastava afirmar que um detergente fazia a sujeira flutuar para longe, no mercado competitivo de hoje seria necessário muito mais mecanismo, explicações, promessas, talvez até um ingrediente milagroso que faça o trabalho por você. O que nos leva à fase três.

Fase três: apresentar o mecanismo

O que fazer quando todas as promessas parecem iguais e a competição de preços se torna insustentável? Neste caso, o mecanismo deve ser forte, vendável e é aconselhável inseri-lo na headline. *Ex: "O primeiro medicamento extraordinário para perda de peso".*

Você precisa de um novo mecanismo, uma nova possibilidade para satisfazer o seu desejo, mesmo que todas as alternativas que você já tentou tenham falhado.

Se as pessoas presumem saber como o produto funciona ou se é tão novo que não tem apelo, resuma o mecanismo em uma frase ou palavra.

Se, por outro lado, o público não tem certeza de como funciona, descreva o mecanismo com linguagem de venda para gerar crença.

Quando, finalmente, você tem um mecanismo forte ou dramático, você pode estabelecer supremacia sobre os concorrentes vendendo o mecanismo.

Mecanismo e reduções de preço

Às vezes acontece que um produto não consegue ser vendido mesmo com uma redução de preço, simplesmente porque o motivo não é justificado. Sem um mecanismo, a razão pela qual você deveria fazer esse negócio, você só obterá uma fração do potencial real de vendas.

Sempre explique a razão por trás da redução do preço.

11. A Concentração

Já vimos a importância do desejo como força essencial por trás da venda de um produto. Quanto mais comercial é o desejo, maior é o mercado, e mais provável é que você tenha que competir com outras empresas do setor.

O primeiro modo de superar a concorrência é, sem dúvida, a superioridade do produto; se você produz o melhor produto, sua publicidade será muito mais eficaz. Também é verdade, no entanto, que mesmo o melhor produto precisa de um copy igualmente eficaz para incentivar as pessoas a experimentá-lo.

Chegamos, então, ao segundo modo de bater a concorrência: a superioridade da promessa. Uma promessa mais forte, mais ampla e crível.

Terceiro modo: o papel que o produto permite interpretar (status, personalidade, etc.).

Quarto: a capacidade de aprimorar e mudar os mecanismos, invadindo novos mercados.

Quinto: o ataque direto ou concentração. Esta última técnica difere das outras 4 porque ataca diretamente a concorrência.

Os primeiros 4 métodos ignoram a concorrência, concentrando-se em suas próprias vantagens, sua própria história, seu próprio mecanismo. Por isso, são mais eficazes quando você já domina um setor, quando quer fidelizar ou quando sua história é tão diferente/forte/nova em relação aos outros que você não tem nada a temer.

Se, por outro lado, você precisa se destacar, pode ser útil tentar quebrar a imagem dos seus concorrentes mais estabelecidos para redirecionar o desejo para você.

O que é a concentração

É um processo lógico e documentado para demonstrar a ineficácia dos concorrentes em satisfazer o desejo do seu potencial cliente.

É importante que, sempre que você atacar outro produto, mostre paralelamente a eficácia do seu.

Ataque apenas as fraquezas que você pode preencher, caso contrário, você só gerará antipatia e ceticismo. Forneça provas para demonstrar ao cliente que este ataque é para o seu bem, em seu benefício.

Ao aplicar esta técnica delicada, todas as outras técnicas que vimos até agora devem ser implementadas:

- a intensificação para mostrar as desvantagens de continuar usando o produto antigo;

- a gradualização para mostrar a causa lógica das fraquezas e como resolvê-las;

- a mecanização para demonstrar que o seu produto remove a fraqueza;

- e assim por diante...

12. O Camuflamento

Além de criar credibilidade, como já vimos, também é importante emprestá-la, sempre que possível.

Quando uma pessoa escolhe um jornal, uma revista ou um canal de televisão, faz isso porque acredita que esse meio está dizendo a verdade, acredita na sua comunicação. Enquanto houver confiança nesse meio, o anunciante sabe que é uma excelente vitrine para sua publicidade porque parte dessa confiança também se transfere para a mensagem publicitária.

Para fazer isso corretamente, é necessário intervir em três aspectos fundamentais:

1. O Formato. É importante se adaptar ao formato do meio de tal maneira a camuflar a publicidade, tornando-a quase indistinguível de um conteúdo editorial.

2. A Fraseologia. É importante usar a linguagem adequada ao meio e, sempre que possível, usar frases estereotipadas e fortemente reconhecidas pela audiência de referência.

3. A Atmosfera. Amenize a atmosfera hiperexcitada típica das publicidades. Tons mais calmos, menos adjetivos, menos superlativos. Ou seja descaradamente sincero; destaque os defeitos do produto de tal

maneira a tornar seus méritos mais críveis.

Conclusão

Estas são apenas algumas das regras que podem ajudar a criar um anúncio eficaz. Será você a decidir quantas e quais usar em cada situação (em alguns casos, inventando as suas).

O importante é não cometer o erro de acreditar que criar um anúncio seja um processo mecânico e matemático, a criatividade é sempre importante em um copy de sucesso.

Outra qualidade fundamental que todo copywriter deve ter é a empatia. É a única maneira de evitar entediar o público, limitando-se a empilhar uma promessa sobre a outra, compreendendo quando é hora de mudar de direção (pontos de virada) e antecipando objeções e perguntas.

Nota

Decidimos traduzir e sintetizar este livro por dois motivos.

O primeiro, para todos aqueles copywriters experientes que já possuem o livro, mas precisam de um resumo prático para manusear e ter sempre à mão, preservando o livro original como uma relíquia (visto o seu custo!).

O segundo motivo é puramente divulgativo. Temos certeza de que alguns evitarão comprá-lo devido ao seu preço e raridade, muitos outros nem sequer conhecem a sua existência ou são atraídos pela enxurrada de livros mais modernos e melhor divulgados sobre o tema.

Portanto, o objetivo deste resumo não é substituir o livro original de Eugene Schwartz, mas incentivar sua disseminação e conhecimento, para demonstrar que é um livro de sessenta anos que envelheceu muito bem. É um livro rico em exemplos que, embora datados, retratam perfeitamente a ideia de todos os conceitos listados, todos exemplos que não pudemos incluir no nosso resumo e pelos quais esperamos convencê-lo a adquirir a versão original do livro. Serão dinheiro bem gasto.

A equipe da Compacto Edições